Couvertures supérieure et inférieure manquantes

TABLEAU CHRONOLOGIQUE

DES

ARCHONTES ÉPONYMES

D'ATHÈNES

POSTÉRIEURS A LA CXXII[e] OLYMPIADE

DRESSÉ

D'APRÈS LES RECHERCHES DE M. ALBERT DUMONT

PAR

CH. ÉM. RUELLE.

PRIX : 1 FRANC.

PARIS
ADOLPHE LABITTE, LIBRAIRE
4, RUE DE LILLE, 4
—
1871

TABLEAU CHRONOLOGIQUE

DES

ARCHONTES ÉPONYMES

D'ATHÈNES

POSTÉRIEURS A LA CXXII[e] OLYMPIADE.

Olympiades.		Années av. J. C.	Archontes éponymes.	Olympiades.		Années av. J. C.	Archontes éponymes.
CXXII.	1	292	Φίλιππος.		4	277	Πολύευκτος (?).
	2	291		CXXVI.	1	276	
	3	290	Καλλιμήδης.		2	275	
	4	289	Θερσίλοχος (1).		3	274	
CXXIII.	1	288	Δίφιλος.		4	273 (4)	
	2	287	Διοκλῆς.	CXXVII.	1	272	
	3	286	Διότιμος.		2	271	Πυθάρατος.
	4	285	Ἰσαῖος (2).		3	270	Ἀρίσταρχος (?).
CXXIV.	1	284	Εὐθίας.		4	269	
	2	283	Κίμων (?).	CXXVIII.	1	268	
	3	282			2	267	
	4	281	Νικίας (3).		3	266	
CXXV.	1	280	Γοργίας.		4	265	Διομέδων (?) (voir l'an 262) (5).
	2	279	Ἀναξικράτης.				
	3	278	Δημοκλῆς.	CXXIX.	1	264	Διόγνητος.

(1) Vers l'olympiade CXXII : Φίλων, Ἀρχέλαος, Ἀγασίας.

(2) Vers l'ol. CXXIII : Δημογένης.

(3) Vers l'ol. CXXIV : Διοκλῆς Διοκλέους, Σωνικός (ce dernier peut-être archonte l'an 282).

(4) Vers l'ol. CXXVI : Ξενόφων, Εὔβουλος, Ὄλβιος.

(5) Vers l'ol. CXXVIII : Κλεόμαχος... Σωσιγένης.

Olympiades.		Années av. J. C.	Archontes éponymes.	Olympiades.		Années av. J. C.	Archontes éponymes.
	2	263			4	229	
	3	262	Διομάδων(?) (voir l'an 265).	CXXXVIII.	1	228	
					2	227	
	4	261			3	226	
CXXX.	1	260	Ἀῤῥενίδης (1).		4	225	
	2	259		CXXXIX.	1	224	
	3	258			2	223	
	4	257			3	222	
CXXXI.	1	256			4	221	
	2	255		CXL.	1	220	
	3	254			2	219	
	4	253			3	218	
CXXXII.	1	252			4	217	
	2	251		CXLI.	1	216	
	3	250			2	215	
	4	249			3	214	
CXXXIII.	1	248			4	213	
	2	247		CXLII.	1	212	
	3	246			2	211	
	4	245			3	210	
CXXXIV.	1	244			4	209 (2)	
	2	243		CXLIII.	1	208	
	3	242			2	207	
	4	241			3	206	
CXXXV.	1	240			4	205	
	2	239		CXLIV.	1	204	
	3	238			2	203	
	4	237			3	202	
CXXXVI.	1	236			4	201 (3)	
	2	235		CXLV.	1	200	
	3	234			2	199	
	4	233			3	198	
CXXXVII.	1	232			4	197	Ἄχαιος (?) (d'apr. Rhangabé) (4) (voir l'an 158).
	2	231					
	3	230					

(1) Voir, pour la période comprise entre les ol. CXXX et CXLI', la Note additionnelle, à la suite du tableau.

(2) Vers l'ol. CXLII : Ἀνθεστήριος, Ἀριστόδημος.

(3) Vers l'ol. CXLIV : Ἐργοκλῆς, Ἐπικλῆς.

(4) Vers l'ol. CXLV : Ἀγνόθεος.

Olympiades.		Années av. J. C.	Archontes éponymes.	Olympiades.		Années av. J. C.	Archontes éponymes.
CXLVI.	1	196		CLV.	1	160	
	2	195			2	159	
	3	194			3	158	Ἄχαιος (?) (d'après Rhangabé) (voir l'an 197).
	4	193 (1)			4	157	
CXLVII.	1	192		CLVI.	1	156	
	2	191			2	155	
	3	190			3	154	
	4	189			4	153	
CXLVIII.	1	188		CLVII.	1	152	
	2	187			2	151	
	3	186			3	150	
	4	185			4	149	
CXLIX.	1	184		CLVIII.	1	148	
	2	183			2	147	
	3	182			3	146	
	4	181			4	145	
CL.	1	180		CLIX.	1	144	
	2	179			2	143	
	3	178			3	142	
	4	177			4	141	
CLI.	1	176		CLX.	1	140	Ἀντίθεος.
	2	175			2	139	
	3	174			3	138	
	4	173			4	137 (3)	
CLII.	1	172		CLXI.	1	136	
	2	171			2	135	
	3	170			3	134	
	4	169			4	133 (4)	Ἵππαρχος (?).
CLIII.	1	168	Φιλιστείδης.	CLXII.	1	132	Ἀγναῖος (?).
	2	167			2	131	Δημήτριος (?).
	3	166			3	130	Νικόδημος (?).
	4	165 (2)			4	129	Μηνοίτης (?).
CLIV.	1	164		CLXIII.	1	128	Σαραπίων.
	2	163			2	127	Ἀρίσταρχος.
	3	162					
	4	161					

(1) Vers l'ol. CXLVI : Φαιδρίας.
(2) Vers l'ol. CLII ou l'ol. CLIII : Αἴλιος Γέλως.
(3) Vers l'ol. CLX : Σαραπίων.
(4) Vers l'ol. CLXI : Μητροφάνης.

Olympiades.		Années av. J. C.	Archontes éponymes.	Olympiades.		Années av. J. C.	Archontes éponymes.
	3	126	Ἀγαθοκλῆς (1).		3	90	
	4	125	Ἰάσων.		4	89	
CLXIV.	1	124	Ἐχεκράτης.	CLXXIII.	1	88	
	2	123	Μήδειος.		2	87	
	3	122	Θεοδόσιος		3	86	
	4	121	Προκλῆς.		4	85	
CLXV.	1	120	Ἄργειος.	CLXXIV.	1	84	
	2	119	Ἄργειος β'.		2	83	
	3	118	Ἡράκλειτος.		3	82	
	4	117			4	81	
CLXVI.	1	116 (2)		CLXXV.	1	80	
	2	115			2	79	
	3	114			3	78	
	4	113			4	77	
CLXVII.	1	112		CLXXVI.	1	76	
	2	111			2	75	
	3	110			3	74	
	4	109			4	73	
CLXVIII.	1	108		CLXXVII.	1	72	Σωσικράτης (?),
	2	107			2	71	
	3	106			3	70	
	4	105			4	69	
CLXIX.	1	104		CLXXVIII.	1	68	
	2	103			2	67	
	3	102			3	66	
	4	101			4	65	
CLXX.	1	100		CLXXIX.	1	64	
	2	99			2	63	
	3	98			3	62	Θεόφημος,
	4	97			4	61	Κλησέππιτος.
CLXXI.	1	96		CLXXX.	1	60	Ἡρώδης.
	2	95			2	59 (3)	
	3	94			3	58	
	4	93			4	57	
CLXXII.	1	92		CLXXXI.	1	56	
	2	91			2	55	

(1) Point de départ de la 1re ennéaétéride délienne.

(2) Vers l'ol. CLXV ou l'ol. CLXVI : Πολύκλειτος, puis : Ἰάσων ὁ μετὰ Πολύκλειτον.

(3) Vers l'ol. CLXXX : Ἀπολλῆξις, Ἀριστόξενος.

Olympiades.		Années av. J. C.	Archontes éponymes.	Olympiades.		Années av. J. C.	Archontes éponymes.
	3	54	Ἀριστοκλῆς.		3	18	
	4	53 (1)	Γεν...		4	17	
CLXXXII.	1	52	Πολύχαρμος.	CXCI.	1	16	
	2	51			2	15	
	3	50			3	14	
	4	49			4	13 (3)	
CLXXXIII.	1	48		CXCII.	1	12	
	2	47			2	11	
	3	46			3	10	
	4	45			4	9	Ναυσίας.
CLXXXIV.	1	44		CXCIII.	1	8	Λυκίσκος.
	2	43			2	7	Διονύσιος.
	3	42			3	6	Θεοδωρίδης.
	4	41			4	5	Διότιμος.
CLXXXV.	1	40		CXCIV.	1	4	Ἰάσων.
	2	39	Μένανδρος.		2	3	Νικίας.
	3	38	Καλλικρατίδης.		3	2	Ἰσιγένης.
	4	37 (2)			4	1	..ΟΗΤ.
CLXXXVI.	1	36		CXCV.	1	1 ap. J. C.	
	2	35			2	2	
	3	34			3	3	
	4	33			4	4	
CLXXXVII.	1	32		CXCVI.	1	5	
	2	31			2	6	
	3	30			3	7	
	4	29			4	8	
CLXXXVIII.	1	28	Κλ. Ἄτταλος.	CXCVII.	1	9	
	2	27			2	10	Μήδειος.
	3	26			3	11	Μήδειος.
	4	25			4	12	Μήδειος.
CLXXXIX.	1	24		CXCVIII.	1	13	ΑΝΑΡΧΙΑ.
	2	23			2	14	Φιλάνθης.
	3	22			3	15	..ΔΗΙΣ.
	4	21			4	16	
CXC.	1	20		CXCIX.	1	17	
	2	19			2	18	

(1) Vers les ol. CLXXX — CLXXXI : Λεύκιος, Καλλιφάνης, Διοκλῆς, Κλησδίστινος, Ἀριστοκλῆς, Ζήνων.

(2) Vers l'ol. CLXXXV : Αἰσχραῖος.

(3) Vers l'ol. CXCI : Ἄρειος Δωρίωνος.

Olympiades.		Années ap. J. C.	Archontes éponymes.	Olympiades.		Années ap. J. C.	Archontes éponymes.
	3	19		CCVIII.	1	53	Μ[ητρόδωρος].
	4	20			2	54	ΧΑΡ..
CC.	1	21			3	55	Καλλικρατίδης.
	2	22			4	56	Πάμφιλος.
	3	23	Τιβ. Κλ...	CCIX.	1	57	Κόνων.
	4	24			2	58	Θεμιστοκλῆς.
CCI.	1	25	Διόδωρος.		3	59	Οἰνόφιλος.
	2	26	Λύσανδρος.		4	60	Βόηθος.
	3	27	Λυσιάδης.	CCX.	1	61	Θράσυλλος.
	4	28	Δημήτριος.		2	62	
CCII.	1	29	Δημοχάρης.		3	63	
	2	30	..ΙΑ (1).		4	64	
	3	31		CCXI.	1	65	Δημόστρατος.
	4	32			2	66	
CCIII.	1	33			3	67	
	2	34			4	68 (6)	
	3	35		CCXII.	1	69	
	4	36 (2)			2	70	
CCIV.	1	37	Ῥοιμητάλκας.		3	71	
	2	38	ΑΓ...		4	72	
	3	39	Πυθαγόρας.	CCXIII.	1	73	
	4	40	Ἀντίοχος.		2	74	
CCV.	1	41	Πολύαινος.		3	75	
	2	42	Ζήνων.		4	76	
	3	43	Ἀθωνίδης.	CCXIV.	1	77	
	4	44	Θεόφιλος (3).		2	78	
CCVI.	1	45	Ἀντίπατρος ν.(4).		3	79	
	2	46			4	80	
	3	47		CCXV.	1	81	
	4	48			2	82	
CCVII.	1	49	Δεινόφιλος.		3	83	
	2	50			4	84	
	3	51		CCXVI.	1	85	
	4	52	Διονυσόδωρος (5).		2	86	

(1) Μιθριδάτης ?
(2) Vers l'ol. CCIII : Ποδύκικος.
(3) Entre l'an 34 et l'an 44 : Ἀντίπατρος. Voir plus loin, page 17.
(4) So. νεώτερος.
(5) Vers l'ol. CCVII : Αἰολίων.
(6) Dans le cours des ol. CCX ou CCXI : Ἄλκων ou Λάκων.

Olympiades.		Années ap. J. C.	Archontes éponymes.	Olympiades.		Années ap. J. C.	Archontes éponymes.
	3	87		CCXXV.	1	121	
	4	88			2	122	
CCXVII.	1	89			3	123	
	2	90			4	124	
	3	91		CCXXVI.	1	125	
	4	92 (1)			2	126	
CCXVIII.	1	93			3	127	
	2	94			4	128	
	3	95		CCXXVII.	1	129	
	4	96			2	130	
CCXIX.	1	97			3	131	Σαλλουστιανός.
	2	98			4	132	
	3	99		CCXXVIII.	1	133	Τιβ. Κλ. Ἡρώδ. Ἀττικός.
	4	100					
CCXX.	1	101			2	134	
	2	102			3	135 (3)	
	3	103			4	136	Πο. Αἴλ. Βιβούλλιος Ῥοῦφος.
	4	104					
CCXXI.	1	105		CCXXIX.	1	137	Πο. Αἴλ. Φιλέας.
	2	106			2	138	T.. alias Σαλλουστιανός.
	3	107					
	4	108	Ἰ. Κάσιος Ἀπολλώνιος (2).		3	139	Τί. Φλ. Ἀλκιβιάδης Παιανεύς.
CCXXII.	1	100	Λ. Οὐιβούλλιος Ἵππαρχος.		4	140	
				CCXXX.	1	141	
	2	110			2	142	Τί. (inconnu).
	3	111	Αἴλιος Ἀδριανός.		3	143	
	4	112			4	144	
CCXXIII.	1	113		CCXXXI.	1	145	Ἀῤῥιανός.
	2	114			2	146	Τί. Φλ. Ἀλκιβιάδης β'.
	3	115					
	4	110	Φλ. Μακρεῖνος Ἵππαρχος.		3	147	
					4	148	
CCXXIV.	1	r17		CCXXXII.	1	149	
	2	118			2	150	
	3	119			3	151	
	4	120			4	152	

(1) Entre l'an 83 et l'an 92 : Δομετιανός.

(2) Dans le cours des ol. CCXX ou CCXXI : Δείδιος Σεκοῦνδος.

(3) Entre l'an 111 et l'an 135 : Φούριος Μητρόδωρος.

Olympiades.		Années ap. J. C.	Archontes éponymes.	Olympiades.		Années ap. J. C.	Archontes éponymes.
CCXXXIII.	1	153		CCXLI.	1	185	
	2	154	Πραξαγόρας.		2	186	
	3	155	Ποπ. Θεότιμος.		3	187	
	4	156			4	188	
CCXXXIV.	1	157		CCXLII.	1	189	
	2	158	Τ. Αὐρ. Φιλήμων.		2	190 (4)	
	3	159			3	191	
	4	160			4	192	
CCXXXV.	1	161	Μέμμιος.	CCXLIII.	1	193	
	2	162			2	194	
	3	163	Φιλιστείδης.		3	195	
	4	164	Τι. Κλ. Ἡρακλείδης (?).		4	196 (5)	
CCXXXVI.	1	165	Βαλ. Μαμερτῖνος.	CCXLIV.	1	197	
	2	166	ΑΝΑΡΧΙΑ.		2	198	Φλ. Διογένης Μαραθώνιος.
	3	167	Σέξτος Φαληρεύς.		3	199	
	4	168	Τηνήιος Ποντικός (1).		4	200	
CCXXXVII.	1	169	ΑΝΑΡΧΙΑ.	CCXLV.	1	201	
	2	170			2	202	
	3	171			3	203	
	4	172 (2)			4	204	
CCXXXVIII.	1	173		CCXLVI.	1	205	
	2	174			2	206	
	3	175			3	207	
	4	176			4	208 (6)	
CCXXXIX.	1	177		CCXLVII.	1	209	Κάσιος Ἀπολλώνιος.
	2	178			2	210	Γ. Κύϊντος Ἵμερτος Μαραθών.
	3	179			3	211	ΑΝΑΡΧΙΑ.
	4	180			4	212	
CCXL.	1	181		CCXLVIII.	1	213	
	2	182			2	214	
	3	183			3	215	
	4	184 (3)					

(1) Vers la même époque : Ἀθηνόδωρος.
(2) Vers l'ol. CCXXXVI : Βιήσιος Πείσων.
(3) Au milieu de l'ol. CCXL : Φιλιστείδης fils
(4) Vers l'an 189 ou 190 : Τιϐ. Κλ Βραδούας. — Vers l'an 191 ou 192 : Φιλότειμος.
(5) Vers l'ol. CCXLIII : Γ. Ἐλϐίδιος Σεκοῦνδος.
(6) Vers l'ol. CCXLVI : Πεινάριος Πρόκλος Ἀγνούσιος . . . Ἀραβιανός.

Olympiades.	Années ap. J. C.	Archontes éponymes.	Olympiades.	Années ap. J. C.	Archontes éponymes.
4	216		CCLVIII. 1	253	
CCXLIX. 1	217		2	254	
2	218		3	255	
3	219		4	256	
4	220		CCLIX. 1	257	
CCL. 1	221		2	258	
2	222		3	259	
3	223		4	260 (3)	
4	224		CCLX. 1	261	
CCLI. 1	225		2	262	
2	226		3	263	
3	227		4	264	
4	228		CCLXI. 1	265	
CCLII. 1	229		2	266	Ἑρέννιος Δέξιππος Ἕρμειος.
2	230				
3	231		3	267	
4	232		4	268	
CCLIII. 1	233		CCLXII. 1	269	
2	234		2	270	
3	235		3	271	
4	236		4	272	
CCLIV. 1	237		CCLXIII. 1	273	
2	238		2	274	
3	239		3	275	
4	240		4	276	
CCLV. 1	241		CCLXIV. 1	277	
2	242		2	278	
3	243		3	279	
4	244 (1)		4	280	
CCLVI. 1	245		CCLXV. 1	281	
2	246		2	282	
3	247		3	283	
4	248		4	284	
CCLVII. 1	249		CCLXVI. 1	285	
2	250		2	286	
3	251 (2)		3	287	
4	252		4	288	

(1) Vers l'ol. CCLV : Φλ. Ἀσκληπιάδης.
(2) L'an 250 ou 251 : Φιλόστρατος.
(3) Vers l'an 259 ou 260 : Γαλλίηνος.

Olympiades.		Années ap. J. C.	Archontes éponymes.	Olympiades.		Années ap. J. C.	Archontes éponymes.
CCLXVII.	1	289			4	296	
	2	290		CCLXIX.	1	297	
	3	291			2	298	
	4	292			3	299	
CCLXVIII.	1	293			4	300	
	2	294		CCLXX.	1	301	
	3	295					

NOTE ADDITIONNELLE.

Archontes éponymes dont l'époque est indéterminée.

Ἀγνίας.
Αἴσχρων (3e siècle avant J. C.).

Διομεύς. Λεοχάρης. Θεόφιλος. Ἐργοχάρης. Νικήτης. .....ς Ἐρχιεύς. Διοκλῆς. Εὐφίλητος. Ἡράκλειτος. .... Ἀντίφιλος.	Série continue à placer entre les ol. CXXX et CXLII.

Μενεκράτης.
Θυμοχάρης.
Μηνογένης.

Essai sur la chronologie des archontes athéniens postérieurement a la CXXII^e olympiade, et sur la succession des magistrats éphébiques, *par* M. Albert Dumont, *ancien membre de l'École française d'Athènes.*

Compte rendu par M. Ch.-Em. Ruelle.

Au mois de mai 1870, M. Albert Dumont disait, dans sa dissertation sur *une Inscription des murs d'Athènes* (1) : « Il est peu intéressant pour l'histoire générale de savoir que l'ancêtre d'un vainqueur dans les jeux équestres a contribué à la construction d'une tour, ou que le descendant d'un citoyen nommé par une inscription des murs d'Athènes a remporté le prix de la course au temps d'Eumènes II. Ces sortes de recherches, quand elles sont encore peu nombreuses, n'ont qu'un intérêt de curiosité. Mais l'exemple qu'on vient de voir prouve, je crois, qu'on peut souvent retrouver la généalogie des principaux citoyens d'Athènes pour l'époque qu'on connaît le moins, c'est-à-dire pour celle où les récits écrits nous manquent, et où les inscriptions sont la seule source d'information. Quelques années après l'archontat de Sosigénès (2), le travail devient relativement très-facile, parce qu'alors nous rencontrons la riche série des stèles éphébiques qui nous donne l'état civil de la plupart des familles de l'Attique et surtout des plus importantes. Quand ces stèles seront classées, le *Livre des familles d'Athènes* pour cette période sera possible. Un pareil ouvrage demande une longue patience, mais il rendrait des services ; on reconnaîtra en effet facilement combien il serait utile pour l'épigraphie et pour l'histoire de pouvoir consulter une série de généalogies où on trouverait, avec les noms et la succession des différents membres des grandes familles, la liste des charges que ces citoyens ont exercées. »

Cette longue et patiente entreprise, M. Dumont lui-même vient de l'accomplir, et les résultats en sont consignés dans le travail dont il fait hommage à l'Association pour l'encouragement des études grecques ; c'est la première partie d'un ouvrage en deux volumes, actuellement sous presse, intitulé : *Essai sur l'éphébie attique.* Ce travail a pour objet une classification des archontes athéniens éponymes.

La chronologie des archontes ne laisse rien à désirer dans la période comprise entre la LXXIe olympiade et l'olympiade CXXII (496 à 292 av. J. C.). Il est peu probable, comme l'observe M. Dumont, que l'on parvienne jamais à la complète restitution de la période antérieure (752 à 497). Notre savant confrère s'occupe particulièrement de celle qui correspond à l'érection des stèles éphébiques, et qui, partant, ou peu s'en faut, de la CXXII^e olympiade, se prolonge jusqu'au règne de l'empereur Gordien, vers le milieu du troisième siècle de notre ère.

(1) *Revue archéologique*, p. 325.

(2) Aux environs de la CXXVIII^e olympiade, dans les premières années de la période élucidée par M. Dumont.

Pendant cet intervalle de plus de cinq siècles, l'histoire de la Grèce est souvent bien pâle; une influence étrangère, tour à tour macédonienne et romaine, s'implante d'une façon presque absolue sur cette terre jadis si favorable au culte de l'indépendance nationale. Aussi est-ce au prix d'efforts inouïs que l'érudition a ressaisi de temps à autre quelque chaînon de la succession éponymique. Scaliger, Corsini, Clinton, le *Corpus Inscriptionum Græcarum*, avaient apporté certains résultats; mais il était réservé à d'infatigables archéologues, tels que les Rhangabé, les Pittakis, les Rossopoulos, et surtout à l'École française d'Athènes (1), dans la personne de M. Albert Dumont, de tirer parti d'un grand nombre d'inscriptions récemment découvertes sur lesquelles figurent, au-dessus du nom des éphèbes enrôlés ou honorés d'une récompense, celui des magistrats du collége éphébique et des archontes éponymes.

« Au temps de la liberté, comme l'écrivait naguère M. Geffroy, précisément à propos du livre qui nous occupe (2), on appelait *éphèbes* à Athènes les jeunes hommes de 18 à 19 ans (ou plutôt de 18 *et* 19 ans). Ils formaient une sorte de garde civique destinée à faire des promenades militaires et des campements au dehors de la ville pour tenir en respect les ennemis ou les brigands, ou même les loups des montagnes. A l'intérieur, ils avaient des fêtes, des exercices, des jeux sacrés qui leur étaient communs, toute une éducation à la fois militaire et civile qui les préparait directement à leur futur rôle de citoyens. Lorsque Athènes eut perdu, avec son indépendance, son rôle politique, elle n'en resta pas moins la ville de la religion et des lettres, et le collége éphébique devint une sorte d'athénée ou d'université conservant à la fois les traditions du culte et celles de l'enseignement. Comme autrefois, les jeunes gens y adoraient les dieux suivant les rites consacrés; plus que jamais, sous la conduite de nombreux maîtres, ils s'y exerçaient à la musique, à la danse et à la poésie. Chaque année, on inscrivait sur le marbre les noms de ceux qui avaient remporté le prix dans chacun de ces exercices; on y ajoutait les noms des magistrats ou professeurs particuliers au collége éphébique, et même on gravait au début les noms des magistrats publics qui se trouvaient alors en fonction. Or on a trouvé dans Athènes, depuis quelques années seulement, grâce à la démolition d'un mur de la ville composé de ces débris, des centaines de nouvelles inscriptions éphébiques; on a maintenant, par ces marbres, une sorte d'histoire de l'université athénienne à travers les siècles, particulièrement pendant presque toute la période occupée par l'empire romain. Grâce à tant de noms de fonctionnaires, la plupart annuels, chacun de ces marbres est évidemment un groupe de précieuses indications chronologiques, à con-

(1) Je me propose de mettre en pleine lumière cette participation, dans un travail déjà fort avancé sur les services rendus par l'École d'Athènes aux diverses branches de l'érudition.

(2) *Revue des Deux-Mondes*, 15 décembre 1870.

dition qu'on les interprète les unes par les autres à l'aide d'une comparaison attentive et d'une critique aiguisée. »

M. Dumont a fait un examen comparé de ces monuments au triple point de vue de la chronologie grecque, de l'institution éphébique, et de la généalogie des grandes familles athéniennes. Le travail que nous avons sous les yeux envisage le côté chronologique de cette vaste étude. Essayons, tout en énumérant les données nouvelles que renferme ce travail, de faire connaître par quelques exemples la méthode archéologique de l'auteur, méthode où la précision mathématique est mise au service d'une sagacité supérieure.

Indépendamment des archontes isolés dont la date a pu être fixée par M. A. Dumont, soit d'une manière absolue, soit approximativement, on doit à son *Essai* plusieurs groupes d'éponymes comportant à peine quelques vides. Enfin tels archontes apparaissent pour la première fois, auxquels une date même approximative n'a pas été affectée, mais que permettra sans doute de classer un jour cette première notion de leur existence, et parfois même de leur succession relative. On peut disposer en groupes des séries presque complétement restituées par M. Dumont.

1er groupe.	Ol. CXXII—CXXVI;	292—274 av. J.-C.
2e —	Ol. CLXI—CLXV;	133—118 av. J.-C.
3e —	Ol. CLXXIX—CXXXII;	62—52 av. J.-C.
4e —	Ol. CXCII—CCXX;	9 av. J.-C.—61 ap. J.-C.
5e —	Ol. CCXXVIII—CCXXXVII;	133—212 ap. J.C. (groupe moins complet que les précédents).

Le premier groupe fait mentir l'adage : *Quod abundat non viliat*. Le chronologiste éprouve quelque embarras à répartir *neuf* éponymes entre *sept* années seulement. C'est à M. Dumont de vérifier si deux de ces archontes ne doivent pas descendre de quelques années, bien que les rangs, là aussi, semblent assez pressés. Des recherches ultérieures dissiperont sans doute cette difficulté.

Nous trouvons, dans le second groupe, deux séries d'archontes. L'une en comprend neuf qui, pour la plupart, ne sont susceptibles que d'un classement relatif; l'autre, qui suit immédiatement la première, fait connaître sept éponymes, auxquels est assignée une date précise.

Le troisième groupe donne lieu à des hypothèses assez vagues en ce qui regarde la place chronologique des magistratures dont il conserve le souvenir; mais le mérite de M. Dumont est d'avoir reconnu dan ce groupe une suite d'archontes éponymes.

Nous nous arrêterons plus longtemps sur le quatrième groupe, qui offre un intérêt particulier, tant à cause du grand nombre des magistrats éponymiques auxquels M. Dumont a pu assigner une date définitive, que par l'occasion saillante qu'il nous offre d'apprécier la méthode du jeune et savant chronologiste.

Pour restituer ce groupe, l'auteur avait à sa disposition les stèles éphébiques portant les numéros 34 à 40 dans sa classification. Ces stèles fournissent les noms de certains archontes qui se retrouvent en partie, avec plusieurs autres, sur une inscription mutilée dont M. Neubauer avait reconnu le caractère éponymique, mais à laquelle les conclusions hasardées de ce philologue avaient donné une signification inexacte. « Les données du problème sont les suivantes, observe M. Dumont (page 60). Nous avons un marbre sur lequel un certain nombre d'archontes sont classés par ordre chronologique et divisés en colonnes; les colonnes sont incomplètes; la partie supérieure de chacune d'elles a disparu, et nous ignorons le nombre des éponymes que contenait l'entête du catalogue... » — « Il reste, ajoute-t-il, à déterminer le nombre des éponymes enlevés par la fracture de la pierre. » Après avoir établi ce fait, que deux des archontes portés sur l'inscription doivent nécessairement être classés, l'un entre 42 et 55 après Jésus-Christ, l'autre dans l'intervalle de temps compris entre l'année 11 avant notre ère et l'an 1 après Jésus-Christ, M. Dumont laisse à un ami, M. Bourgeois, ancien élève de l'École polytechnique, le soin de dégager l'inconnue. La solution mathématique, sous la forme d'une valeur approximative, sort des mains de M. Bourgeois avec cent soixante-huit combinaisons que fort heureusement il a bientôt réduites à quarante-deux. L'archéologue reprend à son tour la solution chronologique, fait rapidement un choix de quatre combinaisons, parmi lesquelles une seule résiste à son travail d'élimination, et devient texte d'un tableau où figurent à leur rang, outre les archontes antérieurement classés, 1° ceux des stèles éphébiques 34 à 40 ; 2° ceux de l'inscription élucidée ainsi par l'algèbre ; et 3° résultat plus remarquable encore, l'indication du nombre de cases vides correspondant à la partie détruite de ce précieux monument.

Ce que nous appelons cinquième groupe offre un ensemble beaucoup moins compacte que les séries précédentes. Les quinze ou vingt premiers archontes de cette période ont été, pour la plupart, relevés par M. Dumont sur des stèles qui se trouvaient classées naturellement d'après les années d'exercice d'un paidotribe, Abascantos, qui compta dans cette charge au moins trente-quatre ans de service. M. Dumont en fait lui-même la remarque (page 4) : « L'usage de l'éphébie a été, à toutes les époques, d'inscrire sur les marbres le nom de ses principaux fonctionnaires et celui des éphèbes. Ces fonctionnaires sont nombreux : on en compte quelquefois jusqu'à dix et douze. De plus, dès le début de l'histoire du collége, quelques-uns d'entre eux restent plusieurs années dans la même charge. Il est évident que nous devons rapprocher les marbres qui portent les mêmes noms, et que si nous comparons, à une époque donnée, les titulaires des différentes charges, nous arrivons le plus souvent à un classement chronologique des marbres assez précis. » A peine est-il utile d'ajouter que ce classement relatif des stèles éphébiques emporte avec lui l'ordre relatif aussi des magistrats éponymes inscrits sur ces stèles.

On le voit, M. Albert Dumont sait donner à son esprit la liberté nécessaire pour tirer tout le parti possible de telle ou telle déduction légitime; mais il est retenu dans cette voie par le culte de la vérité positive, ce qui l'a mis en mesure de relever et de battre en brèche, chez M. Bœckh comme chez ses disciples d'outre-Rhin, plus d'une conjecture erronée, qu'une érudition moins sévère pour elle-même eût acceptée sans hésitation. Le jeune critique ne peut redouter un traitement semblable, et généralement son opinion se retranche derrière un double et triple rempart d'arguments décisifs. Aussi ne doit-on attacher qu'une importance toute secondaire aux observations de détail qui vont suivre. Nous cédons surtout, en les présentant, au désir de convaincre le savant auteur, et du même coup nos confrères de l'Association, que l'*Essai sur la chronologie des archontes athéniens* a été, de notre part, l'objet d'un examen approfondi, je dirais presque d'une véritable étude.

Le seul regret sérieux que je croie devoir exprimer, c'est que M. Dumont n'ait pas placé, à la suite de son Catalogue alphabétique des éponymes et des huit tableaux où est retracée la succession des fonctionnaires éphébiques, base de la classification affectée aux archontes, une table chronologique de ces magistrats (1). D'abord, cette table aurait facilité la lecture de l'ouvrage, lequel, malgré la lucidité de l'argumentation, ne pouvait dépouiller entièrement la sécheresse inhérente à toute discussion chronologique. Puis on l'aurait retrouvée un jour ou l'autre dans telle publication encyclopédique où les travailleurs l'eussent consultée avec intérêt (2).

Faut-il rectifier ici quelques fautes typographiques qui pourraient induire en erreur un lecteur sans défiance? M. Dumont est si rigoureux et si précis dans sa critique, que son exemple vous gagne, et que l'on entend ici ne rien passer à son imprimeur. Page 94, lire CCXXVII, 1, $\frac{148}{149}$. Page 101 : Péonidès, étant éphèbe en 103, a vingt-huit ans en 173. Page 110 : la 3e année de l'olympiade CCLVII correspond à l'année 251. Page 116 : ΑΡΙΣΤΟ (Ἀριστοκλῆς). Cet archonte est en charge l'an 54 avant Jésus-Christ.

Au risque de me faire justement appliquer le *ne sus Minervam*, je proposerai à M. Dumont d'ajouter une observation, page 69, relativement à la date du premier archonte portant le nom d' Ἀντίπατρος, dont il fait reposer l'existence sur cette unique raison que l'on rencontre en l'an 45 de Jésus-Christ un Ἀντίπατρος νεώτερος. La date en question, qui ne devra pas trop s'éloigner du second Antipater, ne pourra cependant descendre au-delà de l'an 30, terme d'une période de six ans dépourvue d'archontes. M. Dumont aurait pu hasarder la

(1) Nous avons fait ce travail d'après le livre de M. Albert Dumont. (Voir plus haut.)

(2) Il est à souhaiter que la liste des archontes, d'Athènes figure dans le *Dictionnaire d'archéologie grecque et romaine* de MM. Daremberg et Saglio, actuellement sous presse. L'*Encyclopédie méthodique* (supplément, art. OLYMPIADE, année 1767) est le seul recueil français où je l'aie rencontrée. Elle va jusqu'aux environs de la 123e Olympiade. Par contre, je lis dans le dernier dictionnaire historique publié en France (1867) que l'archontat subsista seulement jusqu'à la conquête d'Athènes par Démétrius Poliorcète, 296 ans avant J.-C.

conjecture, très-plausible à mon sens, que l'Ἀντίπατρος [πρεσβύτερος] exerça pendant l'année 38, entre Rémétalcas et Pythagoras, année pour laquelle l'inscription reproduite page 57 donne les caractères ΑΓ Ζ si voisins du mot ΑΝΤΙΠΑΤΡΟϹ. Du reste, loin d'insister sur cette restitution que je soumets à M. Dumont, mon avis est que, se plaçant à un tout autre point de vue, l'on pourrait aussi bien contester l'existence même d'un archonte « Antipater l'Ancien », et demander à l'auteur si l'expression νεώτερος lui paraît être nécessairement corrélative à un homonyme archonte plutôt qu'à tout autre magistrat. Je passe à un détail qui s'explique peut-être par une faute typographique. L'archonte Φίλιππος, page 132, est placé ol. CXXII, 2e année, et, page 18, son éponymat correspondait avec plus de raison à la première année de cette olympiade.

Je ne doute pas que M. Dumont n'emploie quelques lignes de *corrigenda* à faire justice de ces vétilles, conséquences inévitables des conditions tout exceptionnelles où s'est faite l'impression de ce livre, lorsqu'il publiera la suite de son importante étude sur l'éphébie athénienne. Le point capital, le titre acquis par le savant archéologue à la reconnaissance des érudits et même des gens du monde soucieux de s'instruire, c'est que, grâce aux recherches consignées dans son *Essai sur la chronologie des archontes athéniens*, les éponymes définitivement reconnus jusqu'à ce jour depuis la CXXIIe olympiade s'élèvent au nombre de *cent*. Je ne fais pas entrer en ligne de compte soixante et onze de ces magistrats dont M. Dumont a rencontré les noms sur des stèles qui ne lui fournissaient pas d'éléments suffisants pour leur assigner une date précise. Puisse notre École d'Athènes, à laquelle les travaux de M. Albert Dumont font tant d'honneur (1), concourir, avec la Société archéologique de cette ville, à la restauration intégrale des fastes éponymiques! Tel est notre vœu, et telle aussi notre espérance.

(1) *Inscriptions céramiques de la Grèce*. Paris, Imprimerie nationale, et chez Thorin, 1870. — *Journal de la campagne que le grand-visir Ali-Pacha a faite en 1715 pour la conquête de la Morée*. Paris, Thorin, 1870. — *De plumbeis apud Græcos tesseris*. Paris, Thorin, 1870. — *Rapport sur un voyage archéologique en Thrace* (sous presse), Imprimerie nationale. M. Dumont fera paraître prochainement, outre son *Essai sur l'éphébie attique* (sous presse), *Étude d'archéologie figurée, les Banquets funèbres*, ouvrage couronné par l'Institut; *Études archéologiques en Thrace*, etc.

(*Annuaire de l'Association pour l'encouragement des études grecques en France*. — Année 1871.)

Paris, — Imprimerie Adolphe Lainé, rue des Saints-Pères, 19.

A LA MÊME LIBRAIRIE :

Collection des auteurs grecs relatifs à la musique. — Traduction française. I. Éléments harmoniques d'Aristoxène, traduits en français pour la première fois, d'après un texte revu sur les sept manuscrits de la Bibliothèque nationale et sur celui de Strasbourg, par Ch. Ém. Ruelle, rédacteur au ministère de l'instruction publique. Ouvrage couronné par l'Association pour l'encouragement des études grecques. Paris, 1871, in-8°, planches lithographiques. Prix 5 francs.

www.ingramcontent.com/pod-product-compliance
Lightning Source LLC
LaVergne TN
LVHW020519230826
846091LV00008BA/3499

* 9 7 8 2 0 1 6 1 6 8 7 2 1 *